María Puncel

El Prado del Tío Pedro

Ilustraciones de Teo Puebla

(Premio Nacional de Ilustración Infantil 1982)

ediciones sm Joaquín Turina 39 28044 Madrid

Se murió
el tío Pedro y
dejó a sus hijos, en
herencia, el prado y las ovejas.

El prado era muy grande y tenía una hierba alta y jugosa.
Las ovejas eran nueve y se criaban sanas, gordas y hermosas.

Los tres hermanos se pusieron en seguida de acuerdo. Cada uno de ellos se quedaría con tres ovejas. El prado lo utilizarían entre todos porque, en verdad, hubiera sido un dolor partirlo en tres.

Antonio marcó sus tres ovejas con un collar azul.

Felipe marcó sus tres ovejas con un collar verde.

Joaquín marcó sus tres ovejas con un collar rojo.

Las ovejas vivían en el prado, comían en el prado y abonaban el prado.

La lluvia caía sobre el prado, deshacía el abono y lo incorporaba a la tierra. La tierra, bien alimentada con el abono y el agua, producía más hierba para reponer la que se comían las ovejas. El prado y las ovejas habían llegado a un equilibrio perfecto.

Por las tardes, cada hermano, ayudado por su mujer, ordeñaba sus ovejas y llevaba la leche a casa en un cántaro. Esta leche la hervían, le añadían los fermentos necesarios, la cuajaban, la batían, la salaban, le daban forma y ponían los quesos a orear en el sobrado. El aire de la montaña curaba estos quesos, que resultaban riquísimos. Se vendían muy bien en el mercado.

Cada pareja ganaba muy buenos dineros con los quesos.

En primavera, cada oveja paría un corderito. Tan pronto como los recentales dejaban de mamar, Antonio y su mujer recogían sus tres corderitos y los llevaban al mercado. Y lo mismo hacían Felipe y Joaquín.

Y cada pareja conseguía muy buenos dineros a cambio de los corderillos.

Al llegar el verano, cada hermano, ayudado por su mujer, esquilaba sus ovejas. Luego, la lana se cargaba en un canasto y se llevaba al lavadero. Cuando estaba seca, se cardaba, se hilaba, se teñía y se tejía. Con las telas, que resultaban ser suaves, cálidas y de alegres colores, se hacían dos lotes. Uno se guardaba para confeccionar los propios vestidos. El otro lote se llevaba al mercado.

Cada pareja ganaba muy buenos dineros con las telas de lana.

Antonio y su mujer estaban encantados con el negocio.

Felipe y su mujer estaban encantados con el negocio.

Joaquín y su mujer estaban encantados con el negocio.

Una noche, mientras estaban cenando, Antonio y su mujer hablaron. La mujer, que se tenía por muy lista, dijo:

—Marido, creo que deberíamos llevar otra oveja al prado. Tendríamos más quesos, más lana y más corderos. Total, una oveja más en el prado ni se notará... Y nosotros ganaremos más.

Antonio pensó que realmente su mujer era muy lista.

Así que, al día siguiente, en el prado aparecieron diez ovejas.

La mujer de Felipe y la mujer de Joaquín se fijaron muy bien en que había cuatro ovejas que llevaban collar azul; y, a la noche, hablaron con sus maridos.

Al otro día aparecieron en el prado doce ovejas en lugar de diez.

Antonio comprendió que sus hermanos habían seguido su ejemplo. A los otros también les había parecido una excelente idea poseer una oveja más y hacerla pastar en el prado.

Cada oveja comía un poco menos y, claro, daba menos leche, producía lana de menor calidad y paría corderitos más pequeños... De todas formas, los tres hermanos ganaron más dinero que el año anterior: cuatro ovejas dan más leche, más lana y más corderos que tres ovejas.

A la vuelta del mercado, cada pareja contó sus dineros. Marido y mujer estaban tan contentos de lo bien que marchaba el negocio que... un buen día aparecieron en el prado quince ovejas en lugar de doce. Y, como la vez anterior, nadie se atrevió a decir nada. Todos habían cometido el mismo abuso.

Y empezó a ocurrir algo muy triste.

Las quince ovejas tenían poca hierba para comer, y sentían tanta hambre, constantemente, que arrancaban las raíces para alimentarse con ellas. Y ni siquiera así se saciaban. Al principio, el hambre las puso de mal humor y se peleaban entre ellas continuamente. Luego, el hambre las puso tristes y, más tarde, empezaron a sentirse débiles. Se fueron quedando flacas, flacas y más flacas...

Apenas daban leche, y la poca que daban era malísima.

Apenas daban lana, y la poca que daban era de fibra corta y muy quebradiza.

Y cuando llegó la época en que debían nacer los corderos, muchas ovejas no los tuvieron. Y los pocos que nacieron eran tan canijos y enfermizos que no llegaron a criarse.

Al cabo de algunas semanas, también las ovejas se fueron muriendo. Los tres hermanos se reunieron para enterrar las ovejas muertas. El prado era un desierto. Ni una brizna de hierba brotaba de la tierra.

—¿Qué podemos hacer? —se preguntaron.

Primer final

Los tres hermanos se pusieron de acuerdo y vendieron el prado.

Como era una tierra completamente arruinada, les dieron por ella una cantidad miserable. Al ser dividida en tres partes, resultó tan ridículamente pequeña que apenas fue nada.

Los tres hermanos se pelearon:

—¡La culpa fue tuya! —acusaron los dos pequeños.

—¡Yo tenía derecho a una oveja más porque soy el mayor! —replicó Antonio.

—¡Nuestro padre nos dejó el prado a los tres a partes iguales, y tú, que eres el mayor, deberías habernos dado mejor ejemplo! —le gritaron Felipe y Joaquín.

Y cada hermano se fue furioso a su casa y se peleó con su mujer:

—¡Yo no hubiera hecho una majadería tan grande si tú no me lo hubieras aconsejado!

Este final resulta muy triste; así que busquemos otro.

Segundo final

Los tres hermanos se pusieron de acuerdo:

—Labraremos el prado y sembraremos buena semilla de hierba. Nuestras mujeres colocarán un espantapájaros para que las aves no se coman las semillas ni los brotes tiernos; y aguardaremos. Las lluvias y el sol harán germinar las semillas. La hierba volverá a brotar fuerte y jugosa.

Con el dinero que tenemos ahorrado compraremos tres ovejas...

—Y mientras tanto, ¿de qué comeremos? —preguntaron las mujeres.

—Trabajaremos de jornaleros. Ahorraremos hasta el último céntimo.

Cada hermano se contrató con un amo distinto. Y trabajaron, trabajaron, trabajaron... Y durante un larguísimo invierno no pudieron visitar a sus mujeres.

También este final resulta triste... ¡Busquemos otro!

Tercer final

Los tres hermanos y sus mujeres se pusieron de acuerdo:

—Entre todos hemos arruinado el prado. Trabajemos juntos para que vuelva a ser lo que era cuando nuestro padre nos lo legó.

Y con el dinero de todos compraron buena semilla y tres hermosas ovejas.

Trabajaron los seis juntos, sin parar, durante muchas semanas.

Acotaron una pequeña parcela del prado y dentro instalaron a las tres ovejas. Cada día, dos de los hermanos subían a los más difíciles lugares de la alta montaña, allí donde ningún pastor se atrevía a llevar su ganado por miedo a los precipicios y a los lobos. Y cortaban buenos haces de hierba jugosa y alimenticia que bajaban a hombros hasta el redil. Era un trabajo duro y arriesgado, pero merecía la pena.

Las tres ovejas daban buena leche, buena lana y, a su tiempo, parieron hermosos corderillos.

Mientras dos hermanos se ocupaban de alimentar a las ovejas, el otro hermano y las tres mujeres labraron el resto del prado. Lo sembraron, y protegieron los brotes tiernos de los pájaros y los insectos. Y mientras no llovió, acarrearon agua para regarlo y la hierba brotó muy rápidamente.

Cuando la parte más grande del prado tuvo ya bastante hierba, trasladaron allí las tres ovejas y trabajaron luego para sanear, labrar, sembrar y cuidar el trozo en que habían estado viviendo los animales.

El segundo año ya había seis ovejas en el prado.

Y durante todo este tiempo, los tres hermanos y sus tres mujeres apenas pudieron comer lo suficiente para poder continuar trabajando. Y, desde luego, no pudieron comprarse trajes ni zapatos.

Al cabo de los tres años, el prado criaba una hierba tierna, nutritiva y jugosa. Y cada hermano poseía tres ovejas sanas, gordas y hermosas.

—¡Otra vez tenemos nuestro prado y nuestras ovejas, como antes! —se alegró la mujer de Joaquín.

—Buenos sudores nos ha costado. Si no hubiéramos sido tan tontos, nos hubiéramos ahorrado tres años de duro trabajo y de estrecheces —opinó la mujer de Felipe.

—Pues yo casi me alegro de lo que ha ocurrido —dijo la mujer de Antonio, que se tenía por muy lista—. Hemos trabajado mucho, pero también hemos aprendido mucho. ¿Qué os parecería si ahora ahorrásemos para comprar el prado de Juan Pablo, que está tan estropeado como estaba el nuestro? Podríamos trabajar para recuperarlo y... más ovejas... ¡Ganaríamos más dinero!

—¡Nooo! —gritaron todos a la vez—. ¡¡¡No, gracias!!!

Pero no estaban enfadados, se reían.

¡Tú y tus ambiciosas ideas, mujer! —dijo Antonio—. No, no compraremos más prados. Tenemos suficiente con el nuestro. Si Juan Pablo quiere que el suyo vuelva a dar buena hierba, podemos decirle cómo ha de trabajar para conseguirlo.

Y todos estuvieron de acuerdo con él.

Este parece un buen final... ¿Podría encontrarse otro mejòr? A mí me gustaría conocerlo.

Joaquín Turina, 39 - 28044 Madrid

Comercializa: CESMA, SA - Aguacate, 43 - 28044 Madrid

ISBN: 84-348-1226-6
Depósito legal: M-21336-1997
Fotocomposición: Secomp
Impreso en España/Printed in Spain
TGA, SL - Mantuano, 27 - 28002 Madrid